EL PRINCIPIO DE LOS

I0895309

llamas BEBÉS

KIM THOMPSON

CREATIVE EDUCATION • CREATIVE PAPERBACKS

CONT

ENIDO

Soy una cría 4

Nueva en la manada 6

Hecha para las montañas 8

Ayudar a las personas 10

Habla y escucha 12

Palabras de cría 14

Índice alfabético 16

SOY UNA CRÍA.

Soy una llama bebé.

Puedo ser blanca, gris, marrón o negra.

Mi mamá tuvo solo un bebé.

Me murmura. Yo tomo su leche.

Vivo en una manada.
Somos animales
domesticados.

Vivo en las montañas. Mi pelo grueso me mantiene caliente. Busco plantas para comer. Puedo vivir muchos días sin agua.

Mis pezuñas
me ayudan
a trepar.

Cuando sea adulta, transportaré cargas pesadas para las personas. Se usará mi pelo para hacer ropa y mantas cálidas.

¡Si no quiero moverme, escupo y doy patadas!

HABLA Y ESCUCHA

¡BRE

EEY!

¿Puedes hablar como una cría?

Las llamas bebés llaman y lloran.

Escucha estos sonidos:

https://www.youtube.com/watch?v=Bt6sbT0d6S0

¡Ahora es tu turno!

PALABRAS DE CRÍA

domesticado: no salvaje; acostumbrado a vivir con gente

manada: un grupo de llamas que viven y se alimentan juntas

montañas: accidentes geográficos más altos que las colinas

pezuñas: cubiertas duras, parecidas a uñas, de las patas de las llamas

ÍNDICE ALFABÉTICO

agua 8

cargas. 11

colores 5

escupir 11

manada. 7

montañas. 8

murmurar. 6

pelo 4, 8, 11

personas. 11

pezuñas 4, 9

PUBLICADO POR CREATIVE EDUCATION Y CREATIVE PAPERBACKS
P.O. Box 227, Mankato, Minnesota 56002
Creative Education y Creative Paperbacks son sellos editoriales de The Creative Company
www.thecreativecompany.us

CATALOGING-IN-PUBLICATION DATA ESTÁ DISPONIBLE EN LIBRARY OF CONGRESS
LCCN: 2024053446
Library Binding ISBN:9798889898559
Paperback ISBN: 9781682778951
eBook ISBN: 9798889899341

DISEÑO Y PRODUCCIÓN
Diseño por Rhea Magaro
Producción de Beeline Media and Design, Inc.
Dirección artística de Tom Morgan

FOTOGRAFÍAS de Alamy Stock Photo/imageBROKER.com GmbH & Co. KG, 11; Dreamstime/Belizar, 5, Piccaya, 12; Getty Images/ODD ANDERSEN, 2-3, wanderluster, 10-11, Wong Yu Liang, 14, Yann Guichaoua-Photos, 9; Shutterstock/a_v_d, 4, Bohbeh, 13, Geoff Hardy, 7, Peruphotart, 6-7, schusterbauer.com, portada, SERSOLL, 8

Impreso en los Estados Unidos de América